DEBUSSY

PRÉLUDES

BOOK I

EDITED BY
H. SWARSENSKI

EDITION PETERS
LONDON
Frankfurt New York

TABLE – CONTENTS

PRÉLUDES

LIVRE I — BOOK I

1909—1910

PRÉLUDES

LIVRE I — BOOK I

I

CLAUDE DEBUSSY

Edition Peters No. 7255a

(. . . Danseuses de Delphes)

II

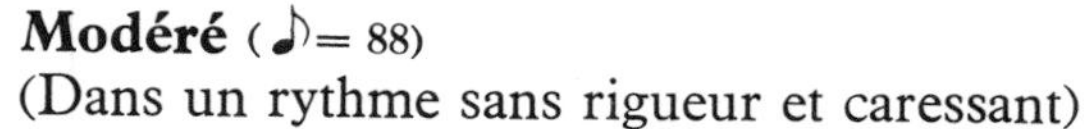
Modéré (♪= 88)
(Dans un rythme sans rigueur et caressant)

p très doux
p
più p

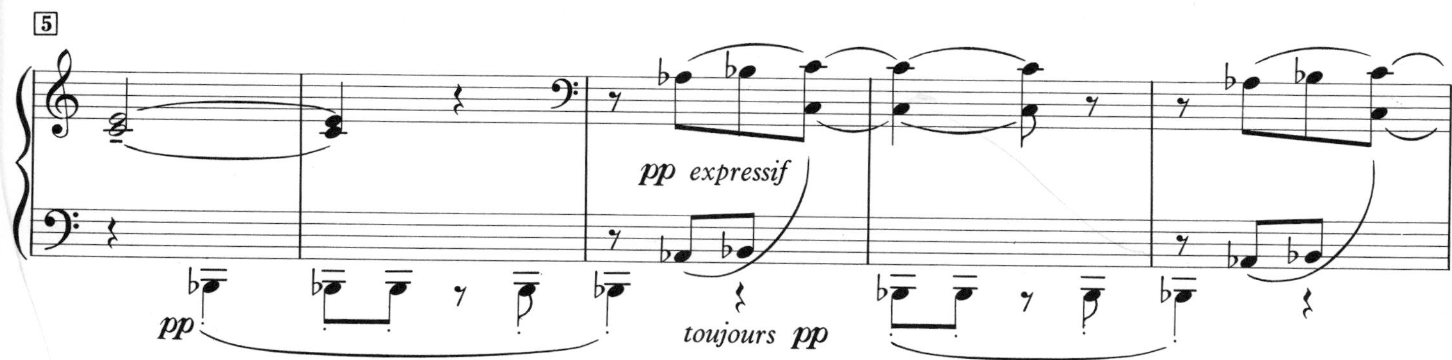
5
pp expressif
pp
toujours pp

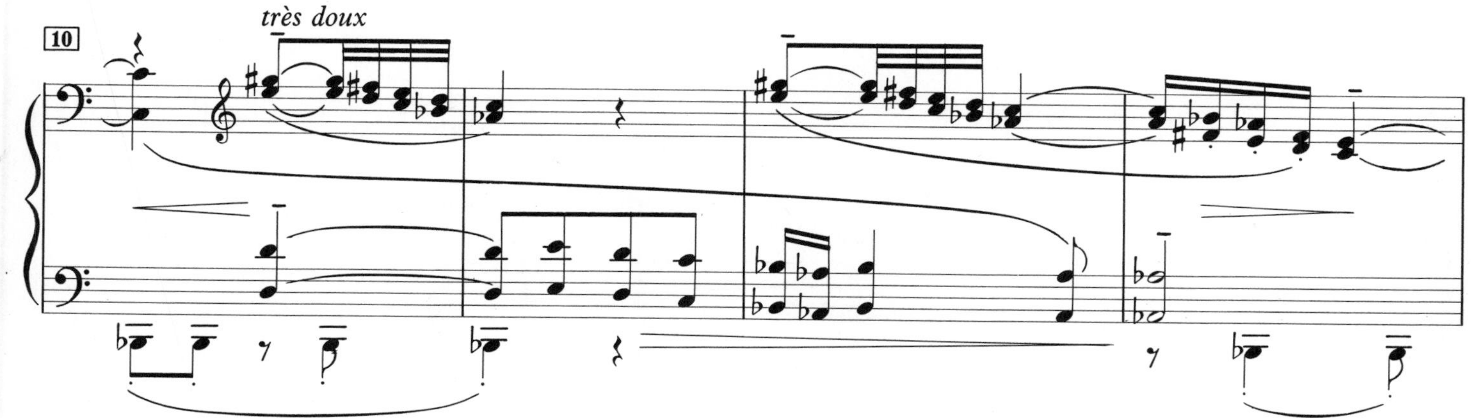
10
très doux

14
pp
pp

18
p
p
p
pp
22
pp très souple
pp
25
3
3
Cédez
a Tempo
pp
p
29
p
p
Cédez
32
p
dim.
pp

35
38
Serrez
Cédez
41
dim. molto
En animant
43
(rapide)
cresc.
molto
Emporté
Cédez
molto
45
Très retenu
più p
più pp
au Mouvt
(comme un très léger glissando)

doucement en dehors
49
52
pp
55
8
pp
Très apaisé et très atténué jusqu'à la fin
58
più pp
62
3
Ped.

(. . . Voiles)

III

Cédez
a Tempo
Cédez
9
8
pp
8
pp
13
a Tempo
p
6
sfz
p
15
pp
17
pp
pp
pp
19

21
pp
23
25
pp
27
f
p
pp
29
pp
f
p
f
p

31
f
p
pp
pp
33
f
p
f
p
f
35
dim.
molto
p
37
p
39
p

41
p
43
più p
45
47
p
p
49
p
p
8
pp

51
Cédez
a Tempo
6
8
pp
53
Cédez
a Tempo
6
3
p
6
55
3
p
pp
57
Un peu retenu
più pp
ppp
laissez vibrer

IV

Modéré (♩ = 84)
(harmonieux et souple)
(5/4)
pp
m.d.
4
En animant un peu
9
p
m.d.
expressif
mf
14
En retenant
8
p dim.
a Tempo
égal et doux
pp
en dehors
19
Serrez un peu
Retenu
p

a Tempo
24
pp
pp
pp
m.d.
En animant
Plus lent
27
pp
p
mf
Cédez
Rubato
Serrez
Rubato
30
pp
mf
p
p
Serrez
34
p
la basse un peu appuyée et soutenue
Serrez
Rubato
37
mf
p
m.d.

* *Like a distant ringing out of horns*

V

Très modéré
12/16 = 2/4
pp
quittez, en laissant vibrer
Vif (♪= 184)
pp léger et lointain
Très modéré
pp
quittez, en laissant vibrer
En serrant
p
Vif
8
f
p
dim. molto leggiero
p
p joyeux et léger
pp

16

(6/16)

(12/16)

p

20

pp

pp

pp

23

pp

p expressif

26

p

29

mf

f

p

Cédez //

32 **a Tempo** (Avec la liberté d'une chanson populaire)

pp

un peu en dehors

Cédez _ _ _ _ // **a Tempo**

35

pp

Cédez _ _ _ _ //

38 **a Tempo**

f

41

f

Cédez _ //

ff

a Tempo

f

m.g.

44

dim. e Rit.

47
Modéré et expressif
m.g.
p
50
54
Plus modéré
un peu marqué
pp
Rubato
58
un peu marqué
pp
62
Retenu
Presque lent
pp
pp

66

a tempo (Vif)

p cresc. molto

f

69

8

(6/16) (12/16)

73

f

p

76

cresc. molto

79

Cédez _ _ // a Tempo

f

ff

Cédez
a Tempo
m.g.
Cédez
a Tempo
dim.
p
f
p
f
p
f
f
f
f
Lumineux
ff
fff
Très retenu

VI

* *This rhythm should convey a background of a bleak and frozen landscape.*

19 Cédez — — — // a Tempo

En animant surtout dans l'expression

più p *pp* *m.d.* *p expressif et tendre* *m.g.* *m.d.* *sempre pp*

23 Retenu — — // a Tempo

m.g. *m.d.* *pp*

27 *p* Comme un tendre et triste regret*

m.g.

30 Plus lent

p *pp* *pp*

33 Très lent

morendo *ppp*

* *Like an affectionate and sad regret*

VII

6
6
7
pp
p
plaintif et lointain
sfz
p
pp
11
sfz
più pp
Commencer un peu au-dessous du mouvt
15
3
pp
un peu marqué
16
pp

17
18
Revenir progressivement au mouvt Animé
p
19
mf
m.d.
m.g.
6
21
f
23
ff
strident

25
dim. molto
Un peu retenu p mais en dehors et angoissé
p
27
p
p
29
p
f
31
p
33
En serrant et augmentant beaucoup
mf

(♪=♩)
35
8
f
6
6
très en dehors
ff
37
38
ff
p
39
6
41

42
ff
p
43
(♩= ♪)
non legato
p
6
peu a peu cresc. en serrant
45
f
cresc. molto
8
47
8
f
en dehors
sff
8
49
più f
ff
ff
6
8
ff

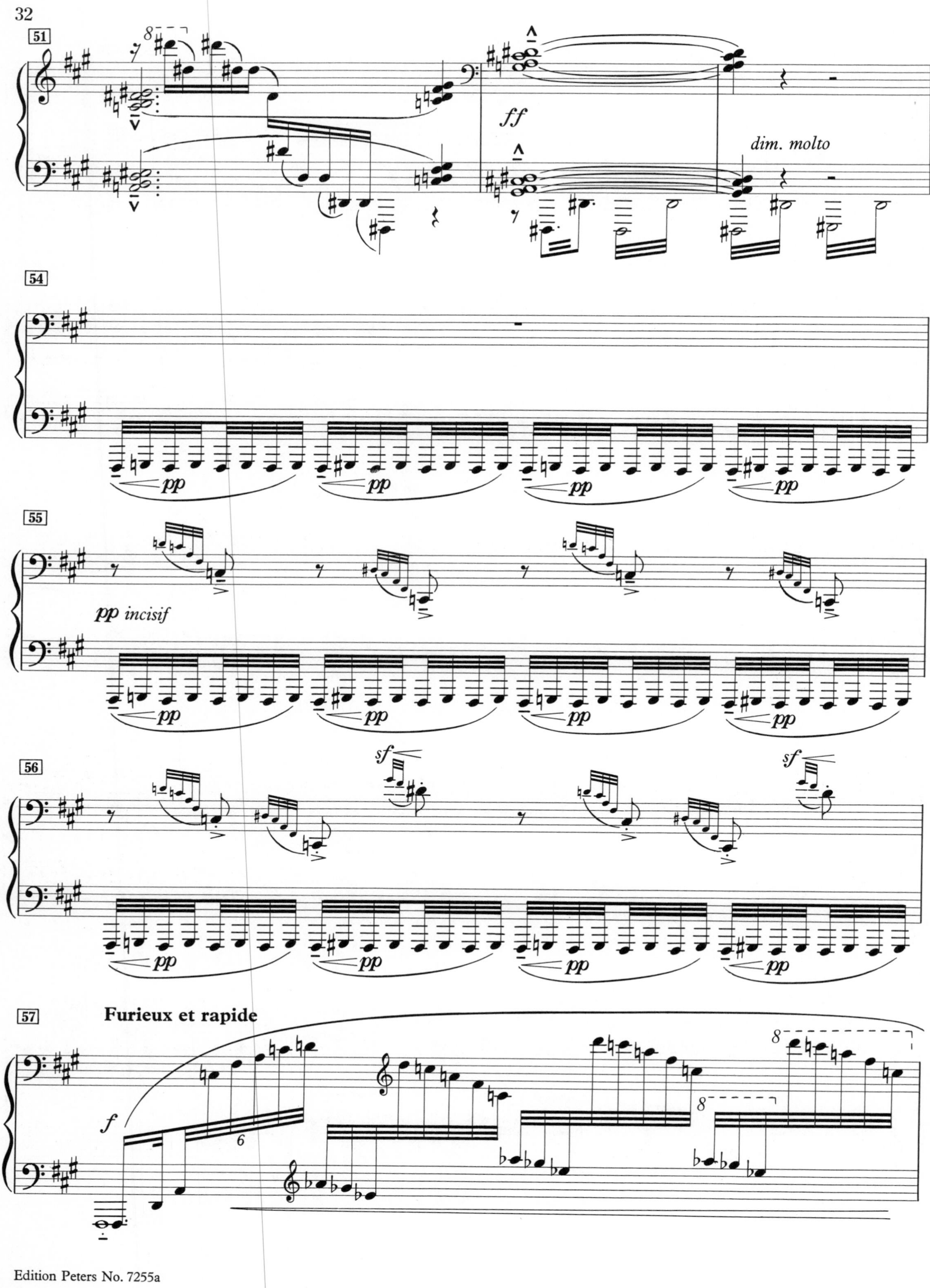
51
8
ff
dim. molto
54
pp
55
pp incisif
56
sf
57
Furieux et rapide
f
6
8

58
ff
6
59
pp subito
8va bassa
8va bassa
62
Serrez et augmentez
più pp
p
3
65
sempre cresc.
68
f
f
Retenu
8
au Mouvt
ff
f
sff sec

VIII

Très calme et doucement expressif (♩ = 66)
p sans rigueur
5
p
10
Cédez
Mouvt
dim.
p
p
14
più p
(très peu)
p
17
Un peu animé
p
p

20
p
mf
23
Cédez
Mouvt (sans lourdeur)
p
pp
p
27
Cédez
au Mouvt
très doux
pp
32
Murmuré et en retenant peu à peu
pp
35
perdendosi
pp

IX

Modérément animé
quasi guitarra
pp (comme en préludant)
pp
7
mf
pp
13
Rit.
mf
p dim.
19
a Tempo
pp
p
25
pp
più pp
les deux pédales
sim.

32
expressif et un peu suppliant
(estompé et en suivant l'expression)
37
Cédez
a Tempo
pp
43
Très vif
f
sff
48
Retenu
a Tempo
m.d.
p
dim. molto
pp
54

60

mf *p*

65

70

mf

75

Librement **Retenu**

5

p *più p*

80

Modéré

pp lointain

85
Rageur
Modéré
f
pp subito
90
Rageur
m.g.
f
m.d.
m.g.
dim.
95
Revenir au Mouvt
più dim.
p
pp
100
106

Rubato
doux et harmonieux
112
pp
117
più pp
122
a Tempo
pp
127
en s'éloignant
132
sfz
p
pp

X

Profondément calme (Dans une brume doucement sonore)

peu à peu sortant de la brume
sempre pp
p marqué
pp
p marqué
pp
p
marqué
Augmentez progressivement (Sans presser)
f
più f
sff
Sonore sans dureté
ff
coll' 8va bassa

31

coll' 8va bassa *coll' 8va bassa*

36

coll' 8va bassa *coll' 8va bassa* *coll' 8va bassa* *coll' 8va bassa*

41

8

p *più* ***p*** ***pp*** *più* ***pp***

46

Un peu moins lent (Dans une expression allant grandissant)

pp *expressif et concentré*

51

pp ***pp***

56
p
f
60
ff
molto dim.
64
p
p
70
pp
au Mouvt
pp Comme un écho de la phrase
entendue précédemment
Flottant
et sourd
8va bassa
73
8va bassa

76
8va bassa

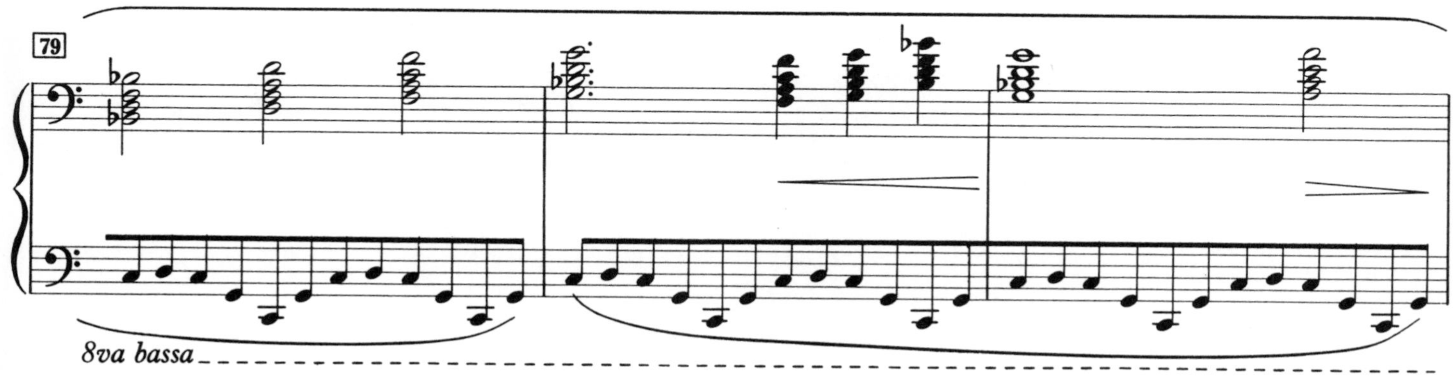
79
8va bassa

82
più pp
Dans la sonorité du début
pp
8va bassa

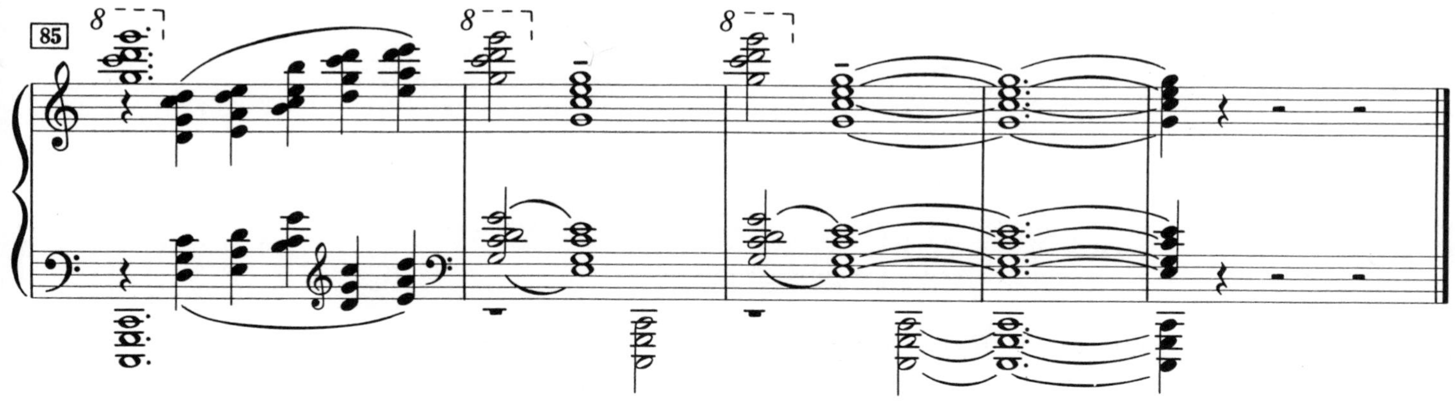
85
8
8
8

XI

Capricieux et léger (♪ = 138)
p
6
4
6
6
Retenu - -
mf
3
7
- - // Mouvt
3
p
10
p
tr
f
13
tr
Pressez

16
Retenu _ _ // Mouvt
tr
dim.
pp
21
pp
26
pp aérien
30
pp
p doucement soutenu
33
pp
pp

36
p
più p
39
mf
42
p
mf
pp
45
48
Cédez
Mouvt
pp

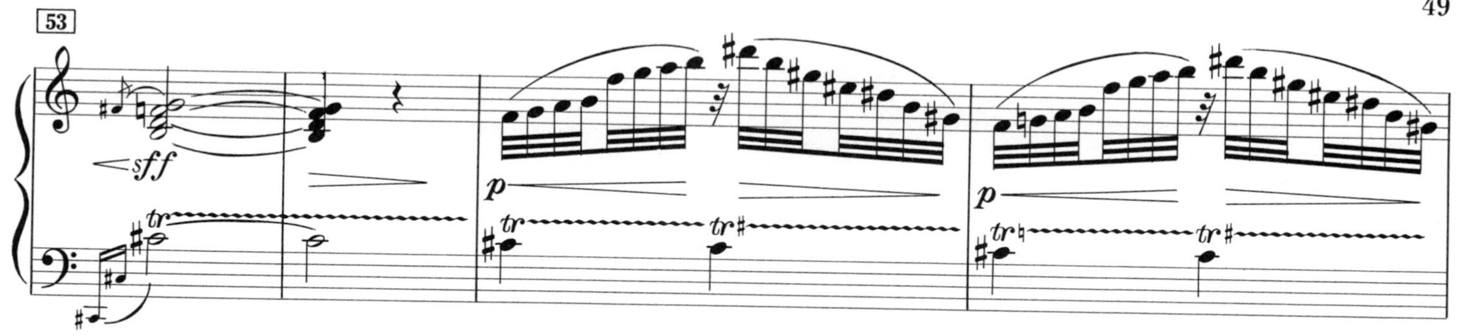
53
sff
p
tr
tr♯
tr♮

57
8
pp
6
p
tr♮
tr♯

60
8
Cédez
p
tr♮
tr♯
pp
6

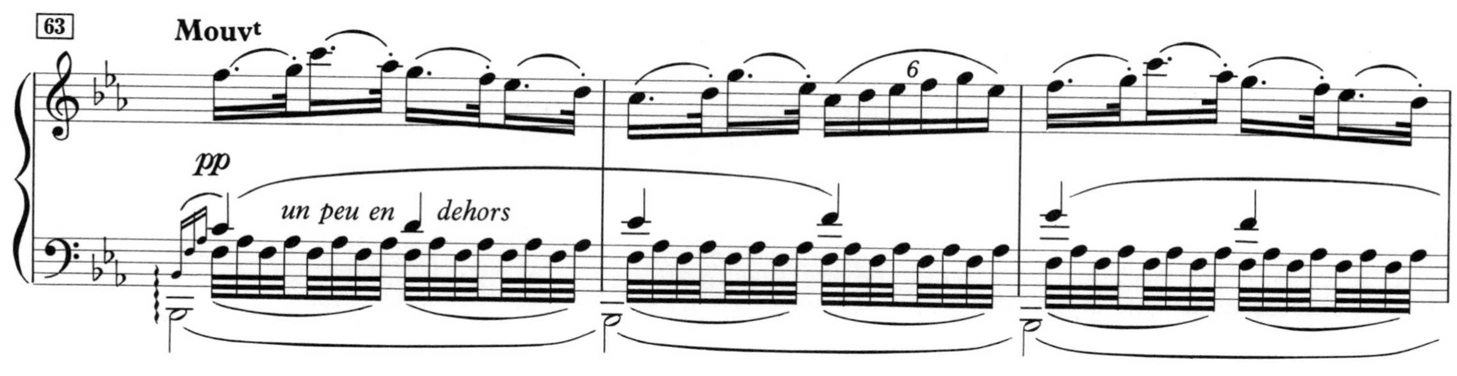
63
Mouvᵗ
pp
6
un peu en dehors

66
6
pp
69
En cédant
mf
3
p
6
73
Mouvt
p
pp
12
m.g.
m.d.
(en dehors)
p
pp
76
Cédez
// Mouvt
p
sfz
80
p
pp

83
Retenu

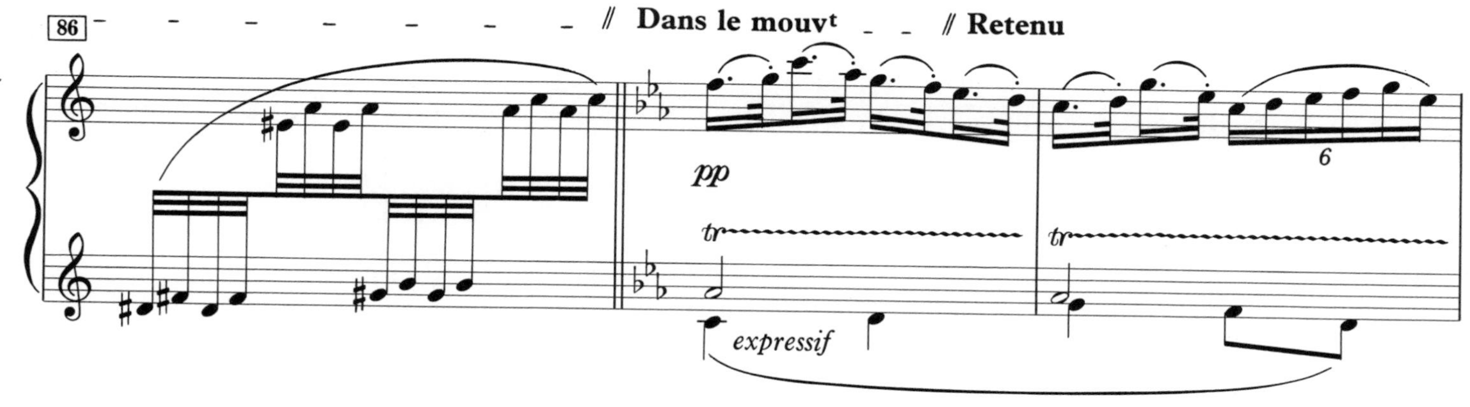
86
Dans le mouvt
Retenu
pp
expressif
6

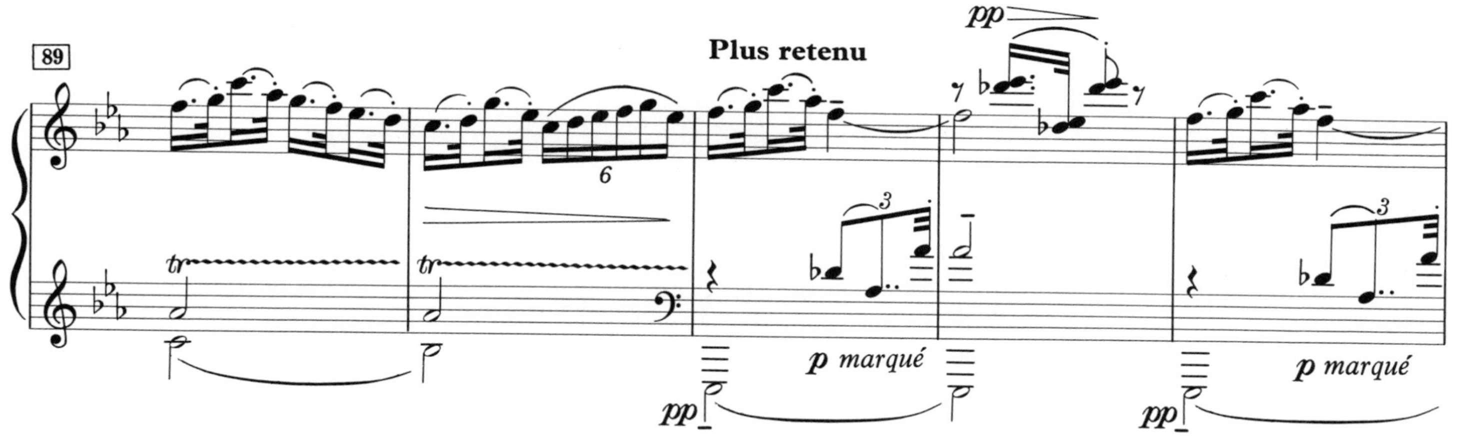
89
Plus retenu
pp
6
p marqué
pp
p marqué
pp

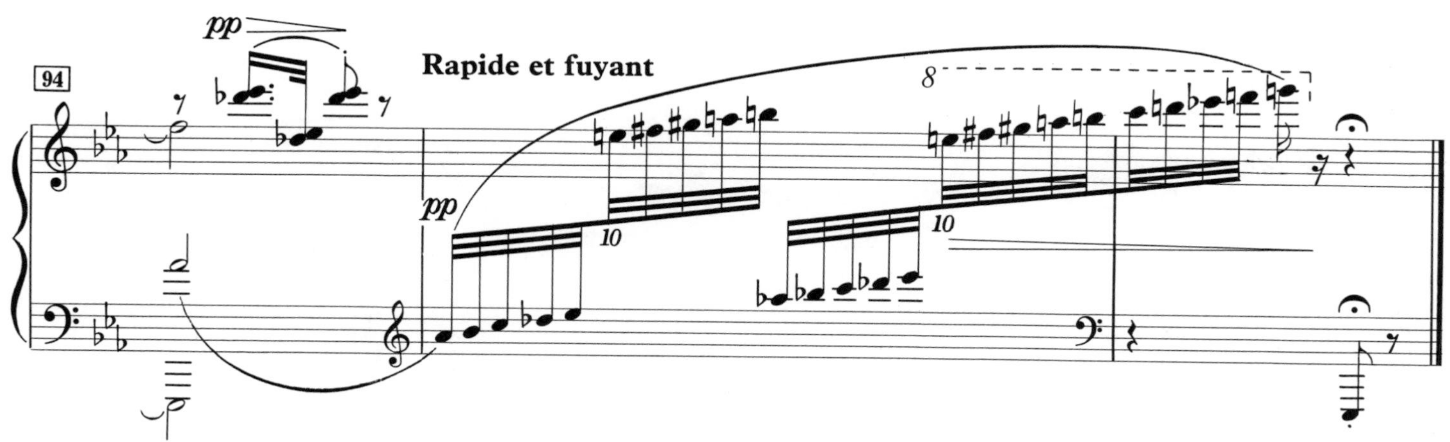
94
pp
Rapide et fuyant
pp
10
10

XII

Modéré (Nerveux et avec humour)
p les "gruppetti" sur le temps
p
4
Cédez
Mouvt
pp
p
p
8
Cédez
Mouvt (Un peu plus allant)
pp
p
(très détaché)
13
pp
f
18
f
p

22
pp
f
27
mf
f
mf
31
f
f
sf
En cédant
p
pp
8va bassa
36
Moqueur
p
m.d.
8
41
m.d.
p
f

45
Mouvt
p
f
p
f
49
p
pp
54
pp
pp
ppp
f (quasi tamburo)
3
59
3
dim.
63
expressif
p

68

(en dehors)

73

(en dehors)

Tempo I

78

82

Mouvᵗ (plus allant)

86

Serrez

m.g.

Sec et retenu

Editor's Notes

The present edition is based on that of Durand. Other recent editions have also been consulted. Minor inconsistencies and inaccuracies have been eliminated. Some more substantial differences are mentioned below.

I. bars 23–24 — Bottom r.h. slur and both l.h. slurs added by editor.

II. bar 62 — The *Ped.* sign, contained in Durand, is the only pedal indication in the whole volume. R.h. last beat triplet in Durand reads demisemiquavers.

III. bar 43 — r.h. 2nd beat: The last note of the group where we read F♭, Durand reads E.

IV. bar 27 — r.h. 3rd beat: Value dots to the three minims added by editor.

29 — r.h.: The middle note of the third quaver chord, where we read F♯, Durand reads F.

30–32 — In Durand read

which produces one bar of 5/4 and one of 4/4. We do not believe that a 4/4 bar, the only one in the piece, was intended (particularly so, as it is not marked). Of several possible solutions we have modelled ours on bars 34 and 38.

V. bars 18, 70, 71 — (12/16) in bar 18 and (6/16), (12/16) in bars 70, 71 added by editor.

58, 62 — r.h. 1st beat: Brackets and fingering appear in Durand.

77 — r.h. last note: reads B in Durand; see following bars and bars 17–19.

94–95 — In Durand read:

VI. bar 14 — (4/4) added by editor.

VII. bars 19–20 — In Durand read:

Only the last E of the four groups is a semiquaver. The other three are noted as demisemiquavers. The value dots after the first C of each group are missing. We believe that the passage was intended as we have rendered it.

21 — r.h. 2nd beat: In Durand reads:

IX. bar 59 — In Durand reads:

113–124 — l.h. 1st beat of each bar: Value dots to the crotchets added by editor.

X. Value dots have been added to the semibreves on the first beats of each of the following bars: 8 r.h. and l.h., 13 r.h. and l.h., 19 l.h., 20 l.h., 24 r.h., 41 l.h. bottom C, 52 r.h., 84 l.h., 85 l.h.

bar 23 — r.h. 1st beat: In Durand the semibreve chord is dotted.

26 — r.h. 1st beat: Brackets and fingering in Durand.

{ 28 1st beat, 32, 34, 36–38, 40 2nd beat — Durand only notes 8va bassa. Intended is, however coll' 8va bassa.

XII. bars 69–70 — last and 1st beats: r.h. slur over C, D | E added by editor.